LES MEILLEURES RECETTES

SMOOTHIES *et* JUS SANTÉ

LAROUSSE

SOMMAIRE

Introduction **4**

Jus de fruits **8**

Fruits et légumes **52**

Détox et énergie **94**

Relaxants **136**

Festifs et gourmands **174**

Index **214**

INTRODUCTION

Sains, colorés, savoureux, fantaisistes... les jus de fruits et smoothies ont tout pour plaire ! Chaque recette est une fête de saveurs.

Prenez plaisir à faire votre marché et découvrez de nouvelles sensations gustatives en jouant, selon les saisons, sur le choix des fruits et des légumes et de leurs variétés. Certaines saveurs sont tonifiantes, d'autres beaucoup plus douces. Laissez-vous aussi surprendre par la diversité des textures.

Dans le cadre d'un régime alimentaire sain et équilibré, les nutritionnistes recommandent de consommer au moins 5 fruits et légumes par jour. De plus, faire ses propres jus et smoothies est devenu aujourd'hui un véritable style de vie. Alors n'hésitez plus à installer centrifugeuse, ou un extracteur à jus, et blender sur le plan de travail de votre cuisine pour que la réalisation de jus et de smoothies devienne un geste quotidien de plaisir et de santé !

LES ÉQUIPEMENTS

La puissance des appareils à jus varie de 200 à 1000 W (pour un appareil professionnel). Plus les produits seront difficiles à râper, plus il vous faudra un appareil puissant et résistant. Choisissez un appareil équipé d'une lame en acier inoxydable et avec un réservoir d'une contenance de 50 cl au moins.

Les blenders et les mixers : pour les smoothies, milk-shakes ou boissons sur glace pilée/broyée. Au lieu d'extraire le jus, la lame hache et mélange simultanément. Pour des boissons épaisses et crémeuses comme les smoothies, un blender suffit.

Les centrifugeuses : elles râpent d'abord à très haute vitesse puis « essorent » la pulpe obtenue. Les jus coulent d'un côté et la pulpe est éjectée dans un récipient séparé.

Les extracteurs : ils broient et malaxent pour libérer les jus. La vitesse beaucoup plus faible évite que les produits ne chauffent et ne perdent ainsi certains nutriments. De plus, cette technique diminue l'oxydation, ce qui augmente la durée de conservation des jus. Ils sont plus efficaces que les centrifugeuses pour les fruits et les légumes fibreux. Le processus préserve davantage de fibres, d'enzymes, de vitamines et de sels minéraux.

Autres équipements utiles : brosse à légumes, broyeur à glace, Économe, verres mesureurs, passoire fine, presse-agrumes, shakers à cocktails, zesteurs et râpes...

LES INGRÉDIENTS

FRUITS ET LÉGUMES

N'achetez que des produits de saison. Hors saison, préférez des fruits et légumes séchés, surgelés, en bouteille ou en conserve. En pleine saison, vous pouvez congeler des fruits et légumes (en purée dans des bacs à glaçons par exemple) pour les utiliser plus tard.

Plus les fruits seront mûrs, plus leur saveur sera sucrée et plus ils donneront de jus. Préférez des végétaux bio, sinon pelez-les avant de vous en servir. Lavez soigneusement tous les produits.

Pour les fruits durs, les racines et légumes cylindriques, il vous faut une centrifugeuse ou un extracteur. Pour les fruits tendres, un blender ou un robot suffisent. Faites tremper les fruits secs quelques heures avant dans de l'eau chaude pour les réhydrater.

PRODUITS LAITIERS

Ils apportent douceur et onctuosité. Préférez-les bio. Les laits écrémés contiennent autant de calcium que les laits entiers mais moins de matières grasses.

Tous les types de crèmes, y compris glacées, peuvent être utilisés dans les recettes gourmandes. Les yaourts brassés sont pauvres en graisses et en calories, les yaourts à la grecque, plus épais que les autres et plus caloriques...

« LAITS » D'ORIGINE VÉGÉTALE

Le lait de coco, le lait d'amande (faible teneur en cholestérol et sans sucres ajoutés), le lait de riz, (consistance plus fluide que celle du lait de vache et saveur très douce), le lait de soja, le lait d'avoine (goût un peu sucré et consistance crémeuse) sont improprement appelés « laits » et sont plutôt des jus végétaux...

Le tofu aura plus d'influence sur la texture que sur le goût. La version soyeuse est la plus adaptée pour les boissons.

QUELQUES CONSEILS

Servez toujours bien froid et sans attendre. La valeur nutritionnelle des jus décroît à mesure qu'ils sont exposés à l'air et certains ont tendance à se séparer très rapidement. Il est donc déconseillé de les conserver plus d'une journée.

Si votre smoothie est trop épais, allongez-le avec de l'eau ou un autre jus de fruit (la pomme marche très bien). S'il est trop liquide, ajoutez du yaourt. Adoucissez les boissons trop acides avec un peu de miel liquide.

Testez différents fruits et légumes, mais ne mélangez pas trop d'ingrédients dans la même recette, cela la rend trop riche et masque les saveurs individuelles. Les fruits surgelés se prêtent admirablement à la réalisation des smoothies.

NOTES IMPORTANTES

Si vous n'avez pas l'habitude de consommer les jus des fruits et légumes purs, ne dépassez pas deux portions par jour. Quatre verres par jour constituent la dose maximale quotidienne pour les consommateurs réguliers. Pour bénéficier du plus grand nombre de nutriments, variez le plus possible les fruits et légumes utilisés.

Les jus purs de fruits et végétaux servis aux enfants doivent toujours être dilués avec le même volume d'eau. L'eau plate est parfaite pour cet usage, mais on peut aussi se servir de limonade, d'eau gazeuse, de soda ou de lait selon les cas.

Le jus de betterave ne doit être consommé qu'en petite quantité et jamais bu seul, car il peut provoquer nausées et vomissements. Ne consommez pas les feuilles de rhubarbe car elles sont toxiques. Il faut toujours faire cuire la rhubarbe avant de l'ajouter à une recette car elle contient une grande quantité d'acide oxalique. Consultez un médecin si vous prenez des médicaments et voulez consommer de grandes quantités de jus de pamplemousse.

JUS DE FRUITS

Délice aux cerises	**10**
Brise estivale	**12**
Velours rouge	**14**
Goyave buzz	**16**
Pêche d'enfer	**17**
Crépuscule d'été	**18**
Lassi à la mangue	**20**
Réveil grenat	**22**
Bouton de rose	**23**
Raisins surprise	**24**
Rêve de Caraïbes	**26**
Brume pourpre	**28**
Pink Lady	**29**

Passion entre-deux 30
Matin ensoleillé 32
Amour d'ananas 34
Melon magique 35
Soie écarlate 36
Pastèque plaisir 38
Explosion aux baies 40
Désir de cranberries 42
Kiwi câlin 43
Passion papaye 44
Baies brumeuses 46
Joyaux grenade-passion 48
Rêve de cocotiers 50

DÉLICE
AUX CERISES

POUR 1 VERRE

Préparation : 5 min

1 pomme évidée et en quartiers
1 poire évidée et en quartiers
50 g de cerises dénoyautées

POUR SERVIR

glaçons
1 brin de menthe fraîche

1 Mixez ensemble la pomme, la poire et les cerises.

2 Versez dans un verre sur des glaçons. Décorez de menthe.

SPÉCIAL KIDS

BRISE ESTIVALE

POUR 1 VERRE

Préparation : 5 min

1 orange pelée et en quartiers
1 poire évidée en quartiers
200 g de grains de raisin rouge

POUR SERVIR

glaçons
1 rondelle de citron vert

1 Passez les fruits à la centrifugeuse ou dans un extracteur.

2 Versez le jus obtenu dans un verre sur des glaçons. Décorez avec la rondelle de citron vert.

VELOURS ROUGE

POUR 1 VERRE

Préparation : 5 min

les grains de 1 grenade débarrassés de leur enveloppe
175 g de framboises
1 c. à café d'eau de rose

1 Pressez les grains de grenade avec les framboises. Ajoutez l'eau de rose et mélangez.

2 Servez dans un grand verre.

GIRLY

GOYAVE BUZZ

POUR 1 VERRE

Préparation : 10 min

6 goyaves dénoyautées
10 abricots dénoyautés
2 poires évidées et en quartiers

POUR SERVIR

glace pilée

1 Mixez ensemble tous les fruits.

2 Versez le jus obtenu dans des verres sur de la glace pilée.

PÊCHE D'ENFER

POUR 1 VERRE

Préparation : 5 min

4 mandarines pelées
2 pêches jaunes dénoyautées
les grains de 1 grenade

1 Passez les mandarines et les pêches à la centrifugeuse ou dans un extracteur.

2 Versez le jus obtenu dans les verres et répartissez-y les grains de grenade.

CRÉPUSCULE D'ÉTÉ

POUR 1 VERRE

Préparation : 10 min

les grains de 1 grenade débarrassés de leur enveloppe
1 orange pelée et en quartiers

POUR SERVIR

glace pilée
2 c. à café d'eau de fleur d'oranger

1 Pressez les fruits séparément.

2 Versez d'abord le jus de grenade sur la glace pilée.

3 Versez délicatement le jus d'orange par-dessus et ajoutez l'eau de fleur d'oranger.

LASSI À LA MANGUE

POUR 1 VERRE

Préparation : 5 min

1 mangue tranchée de chaque côté du noyau et pelée
1 yaourt nature (125 g)
1 pincée de cannelle
10 cl d'eau plate glacée

POUR SERVIR

1 lamelle de mangue
1 bâton de cannelle

1 Placez tous les ingrédients dans un blender et mixez-les en un mélange lisse et homogène.

2 Versez dans un verre et décorez avec la cannelle et la mangue.

EXOTIQUE

RÉVEIL GRENAT

POUR 1 VERRE

Préparation : 5 min

1 orange sanguine pelée
et en quartiers
1 citron vert pelé et coupé en 2
la chair de 1 fruit de la Passion

POUR SERVIR

glaçons ou glace pilée

1 Pressez ensemble l'orange et le citron vert. Ajoutez la pulpe du fruit de la Passion.

2 Versez sur la glace dans un verre.

BOUTON DE ROSE

POUR 1 VERRE

Préparation : 5 min

1 pamplemousse rose pelé
et en quartiers
75 g de cranberries, fraîches
ou surgelées
1 pomme évidée et en quartiers

POUR SERVIR

glaçons ou glace pilée

1 Passez les fruits à la centrifugeuse ou dans un extracteur pour en extraire le jus.

2 Versez sur la glace dans un verre.

RAISINS SURPRISE

POUR 1 VERRE

Préparation : 5 min

200 g de grains de raisin rouge
200 g de grains de raisin blanc
1 pomme évidée et en quartiers
6 feuilles de menthe

POUR SERVIR

glaçons ou glace pilée

1 Passez les grains de raisin et la pomme à la centrifugeuse ou dans un extracteur pour en extraire le jus.

2 Ajoutez la menthe. Versez dans un verre sur de la glace.

3 Pour une boisson plus rafraîchissante, diluez avec de l'eau minérale gazeuse.

RÊVE DE CARAÏBES

POUR 1 VERRE

Préparation : 10 min

1 mangue moyenne, en morceaux
1 ananas moyen, en morceaux
2 bananes en 3 ou 4 morceaux
20 cl de lait de coco

POUR SERVIR

lamelles d'ananas
et de citron vert

1 Passez la mangue et l'ananas à la centrifugeuse ou dans un extracteur. Versez le jus obtenu dans un blender.

2 Ajoutez la banane et le lait de coco, puis mixez en un mélange lisse et homogène.

3 Répartissez dans des verres et décorez avec des lamelles d'ananas et de citron vert.

EXOTIQUE

BRUME POURPRE

POUR 1 VERRE

Préparation : 10 min

1/2 melon d'environ 400 g
la chair de 1 fruit de la Passion
115 g de myrtilles
175 g de mûres

1 Retirez la peau du melon et détaillez la chair en quartiers en réservant quelques tranches fines pour la décoration.

2 Passez tous les fruits, y compris les graines du fruit de la Passion à la centrifugeuse ou dans un extracteur.

3 Servez le jus obtenu dans des verres et décorez de lamelles de melon.

PINK LADY

POUR 1 VERRE

Préparation : 5 min

1 pamplemousse rose pelé
1 pamplemousse jaune pelé
1 poignée de cranberries

1. Pressez les pamplemousses.
2. Mixez les cranberries.
3. Mélangez les jus obtenus et versez le tout dans un verre.

PASSION ENTRE-DEUX

POUR 1 VERRE

Préparation : 5 min

2 oranges pelées et en quartiers
1 banane pelée
la pulpe de 1 fruit de la Passion

1 Pressez les oranges. Mixez le jus obtenu avec la banane, puis incorporez la pulpe du fruit de la Passion.

2 Servez dans un grand verre.

EXOTIQUE

MATIN ENSOLEILLÉ

POUR 1 VERRE

Préparation : 5 min

1 poire évidée, pelée
et en morceaux
3 abricots en morceaux
1 nectarine en morceaux
10 cl de jus de poire
3 glaçons

POUR SERVIR

tranches de nectarine
et d'abricot

1 Placez les glaçons dans un blender et hachez-les, puis ajoutez les autres ingrédients et mixez en un mélange lisse et homogène.

2 Transférez dans un verre et garnissez de tranches de nectarine et d'abricot.

AMOUR D'ANANAS

POUR 1 VERRE

Préparation : 10 min

1/2 ananas moyen pelé, cœur et yeux enlevés, en cubes
1 poire pelée, évidée et en quartiers
8 belles feuilles de menthe
4 glaçons

POUR SERVIR

brins de menthe

1 Placez les glaçons dans un blender et hachez-les, puis ajoutez les autres ingrédients et mixez en un mélange lisse et homogène.

2 Transférez dans un verre et garnissez de brins de menthe.

MELON MAGIQUE

POUR 1 VERRE

Préparation : 10 min

350 g de melon pelé, épépiné et en morceaux
2 kiwis pelés et en quartiers
4 litchis pelés et dénoyautés

POUR SERVIR

kiwis coupés en 2

1 Placez tous les ingrédients dans un blender et mixez-les en un mélange lisse et homogène.

2 Versez dans un verre et servez glacé, accompagné de demi-kiwis.

SOIE ÉCARLATE

POUR 1 VERRE

Préparation : 5 min

75 g de fraises équeutées
75 g de framboises
75 g de mûres
15 cl de jus de pomme

POUR SERVIR

glace pilée
framboises et mûres entières

1 Placez tous les fruits dans le blender avec le jus de pomme et mixez en un mélange lisse et homogène.

2 Transférez dans un verre et décorez de framboises et de mûres.

GIRLY

PASTÈQUE PLAISIR

POUR 1 VERRE

Préparation : 10 min

450 à 500 g de pastèque épépinée et en morceaux
1 citron vert pelé et coupé en 2
les sommités de 1 brin de romarin frais

POUR SERVIR

glaçons
cubes de melon
1 brin de romarin frais

1 Placez la pastèque, le citron vert et le romarin dans un blender, puis mixez le tout en un mélange lisse et homogène.

2 Versez sur des glaçons dans un verre et décorez de cubes de melon et d'un brin de romarin.

SO FRESH !

EXPLOSION AUX BAIES

POUR 1 VERRE

Préparation : 5 min

150 g de mûres
150 g de myrtilles
1 banane pelée et en morceaux
20 cl de jus de pomme

POUR SERVIR

glaçons
mûres et myrtilles entières

1 Placez les fruits et le jus de pomme dans un blender et mixez en un mélange lisse et homogène.

2 Versez dans un verre sur des glaçons et décorez de mûres et de myrtilles.

DÉSIR DE CRANBERRIES

POUR 1 VERRE

Préparation : 5 min

15 cl de jus d'orange frais
1 yaourt nature (125 g)
110 g de cranberries
150 g de framboises

POUR SERVIR

glaçons
brins de menthe fraîche

1 Placez le jus d'orange et le yaourt dans un blender. Ajoutez les baies et mixez en un mélange lisse et homogène.

2 Versez dans un grand verre sur des glaçons et décorez de menthe.

KIWI CÂLIN

POUR 1 VERRE

Préparation : 5 min

2 kiwis pelés et en quartiers
le jus de 1/2 citron vert
175 g de fraises équeutées
125 g de yaourt de soja à la fraise
10 cl de lait de soja

POUR SERVIR

glaçons
1 rondelle de kiwi

1 Placez les kiwis, le jus de citron vert, les fraises, le yaourt et le lait de soja dans un blender, puis mixez en un mélange lisse et homogène.

2 Versez dans un verre sur des glaçons et décorez d'une rondelle de kiwi.

PASSION PAPAYE

POUR 1 VERRE

Préparation : 10 min

1 yaourt (125 g)
1 papaye pelée, graines enlevées
1/2 ananas moyen pelé, cœur et yeux enlevés, en cubes
1,5 cm de gingembre frais, pelé et haché

POUR SERVIR

glaçons

1 Versez le yaourt dans un blender, puis ajoutez la papaye, l'ananas et le gingembre. Mixez en un mélange lisse et homogène.

2 Versez dans un verre sur des glaçons.

EXOTIQUE

BAIES BRUMEUSES

POUR 1 VERRE

Préparation : 5 min

150 g de cranberries
150 g de myrtilles
10 cl de jus de poire
4 glaçons

POUR SERVIR

cranberries et myrtilles entières

1 Hachez les glaçons dans le blender. Ajoutez les autres ingrédients et mixez en un mélange lisse et homogène.

2 Versez dans un verre et servez glacé, décoré de cranberries et de myrtilles.

JOYAUX GRENADE-PASSION

POUR 1 VERRE

Préparation : 5 min

les grains de 1 grenade
débarrassés de leur enveloppe
la chair de 1 fruit de la Passion
3 c. à soupe de yaourt

POUR SERVIR

grains de grenade

1 Mixez soigneusement les grains de grenade, puis passez-les dans une passoire fine.

2 Mélangez avec la pulpe de fruit de la Passion et le yaourt.

3 Versez dans un verre et décorez de grenade.

EXOTIQUE

RÊVE DE COCOTIERS

POUR 1 VERRE

Préparation : 5 min

2 poignées de fraises équeutées
1 banane pelée
2 c. à soupe de lait de coco
4 glaçons

POUR SERVIR

lamelles de noix de coco fraîche (facultatif)

1 Passez les fraises à la centrifugeuse ou dans un extracteur. Versez le jus obtenu dans un blender avec la banane, le lait de coco et la glace. Mixez longuement.

2 Servez éventuellement décoré de noix de coco.

EXOTIQUE

FRUITS ET LÉGUMES

Vert comme l'herbe	54
À vos marques	55
Géant rouge	56
Végétalia	58
Rouge écarlate	60
Butternut et érable	61
Délice mangue-carottes	62
Jus d'Halloween	64
Brume rouge	66
Betterave carotte	67
Chaud devant	68
Terracotta	70
Céleri épicé	72

Scarlett Lady	**74**
Carotte-avocat mousseux	**75**
Pourpre crémeux	**76**
Folie flamenca	**78**
Bonheur de betterave	**80**
Jade gingembre	**82**
Avocat glacé	**83**
Agent orange	**84**
Alerte rouge	**86**
Couleur concombre	**88**
Fraîcheur thaïe	**90**
Régénérant	**91**
Carotte frappée	**92**

VERT COMME L'HERBE

POUR 1 VERRE

Préparation : 5 min

1 poignée d'herbe de blé
(50 g environ)
150 g de carottes en tronçons
2 pommes en quartiers

1 Si les tiges d'herbe de blé sont longues, tronçonnez-les.

2 Mettez tous les ingrédients dans une centrifugeuse ou un extracteur pour en extraire le jus. Versez dans un verre et servez.

À VOS MARQUES

POUR 1 VERRE

Préparation : 10 min

3 pommes en quartiers
115 g de feuilles d'épinards
1 poivron vert
1 branche de céleri
avec les feuilles
1 cm de gingembre

1 Recoupez les grandes feuilles d'épinards. Émincez le poivron en laissant les graines. Coupez le céleri en courts tronçons et émincez le gingembre sans le peler.

2 Mettez tous les ingrédients dans une centrifugeuse ou un extracteur pour en extraire le jus. Servez dans un verre.

GÉANT ROUGE

POUR 1 VERRE

Préparation : 5 min

2 pommes en quartiers
150 g de chou rouge en petits morceaux
2 branches de céleri avec les feuilles, en courts tronçons
1 betterave rouge crue (150 g) en morceaux

POUR SERVIR

glaçons
lamelles de pomme

1 Passez les pommes, le chou, le céleri et la betterave dans l'extracteur pour en récupérer le jus.

2 Versez dans un verre à demi rempli de glace. Décorez de lamelles de pomme et servez.

ANTIOXYDANT

VÉGÉTALIA

POUR 1 VERRE

Préparation : 10 min

1 grosse patate douce, non pelée, en dés
1 pomme en quartiers
200 g de carottes en tronçons
75 g de fleurettes de brocoli

POUR SERVIR

feuilles de menthe fraîche

1 Passez la patate douce, la pomme, les carottes et le brocoli à l'extracteur pour en récupérer le jus.

2 Versez dans un verre et décorez de feuilles de menthe.

INSOLITE

ROUGE ÉCARLATE

POUR 1 VERRE

Préparation : 5 min

1 endive
1 carotte en petits dés
1 poivron rouge épépiné
et en dés

1 Passez ensemble l'endive, la carotte et le poivron à l'extracteur.

2 Mélangez le jus obtenu et versez-le dans un grand verre.

BUTTERNUT ET ÉRABLE

POUR 1 VERRE

Préparation : 5 min

300 g de courge butternut pelée et hachée
1 c. à café de sirop d'érable
1 c. à soupe de sommités de thym frais
10 cl de lait entier

1 Passez la courge à l'extracteur pour en récupérer le jus. Mixez-le avec le reste des ingrédients dans un blender.

2 Buvez immédiatement pendant que les miettes de thym sont en suspension.

DÉLICE MANGUE-CAROTTES

POUR 1 VERRE

Préparation : 10 min

10 cl de jus d'orange frais
la chair de 1 mangue
75 g de carottes en petits morceaux

POUR SERVIR

glace pilée
1 tranche de mangue

1 Mixez le jus d'orange et la mangue dans un blender. Ajoutez les carottes et mixez de nouveau en un mélange lisse et homogène.

2 Versez dans un verre sur de la glace pilée et décorez d'une tranche de mangue.

ANTIOXYDANT

JUS D'HALLOWEEN

POUR 1 VERRE

Préparation : 5 min

400 g de potiron
2 grosses oranges pelées, en quartiers

POUR SERVIR

graines de potiron légèrement grillées

1 Pelez le morceau de potiron et retirez les graines. Découpez la chair en petits morceaux pour pouvoir la pousser facilement dans l'extracteur.

2 Passez ensemble le potiron et les oranges à l'extracteur. Versez le jus obtenu dans un verre.

3 Saupoudrez la surface de graines de potiron grillées et servez immédiatement.

SPÉCIAL KIDS

BRUME ROUGE

POUR 1 VERRE

Préparation : 5 min

150 g de chou rouge en petits morceaux
1 grosse poire en tranches
225 g de carottes en tronçons

POUR SERVIR

chou rouge en fines lanières
carotte râpée

1 Passez le chou, la poire et les carottes à l'extracteur.

2 Versez le jus obtenu dans un verre. Garnissez de lanières de chou et de carotte râpée.

BETTERAVE CAROTTE

POUR 1 VERRE

Préparation : 5 min

225 g de carottes hachées
1 betterave moyenne
115 g de cresson
1 cm de gingembre émincé avec la peau

1 Coupez la betterave en petits morceaux (gardez les petites feuilles pour décorer). Supprimez toutes les feuilles jaunies du cresson. Émincez le gingembre sans le peler.

2 Extrayez le jus des légumes et du gingembre, puis versez le mélange dans un petit verre. Servez décoré avec les feuilles de betterave réservées.

CHAUD DEVANT

POUR 1 VERRE

Préparation : 5 min

2 petites betteraves crues avec les feuilles
1 branche de céleri avec les feuilles
2 gousses d'ail pelées
2 carottes

1 Passez tous les ingrédients à l'extracteur pour en récupérer le jus.

2 Mélangez bien avant de déguster.

ANTIOXYDANT

TERRACOTTA

POUR 1 VERRE

Préparation : 5 min

1 patate douce en gros cubes
1 orange pelée et coupée en 2
1 banane pelée

1. Passez la patate douce et l'orange à l'extracteur.
2. Mixez le jus obtenu avec la banane et servez.

INSOLITE

CÉLERI ÉPICÉ

POUR 1 VERRE

Préparation : 5 min

1/2 céleri-rave bien brossé
et en gros morceaux
3 tiges de céleri nettoyées
1 pincée de safran infusée dans
1 c. à café d'eau chaude

1 Extrayez séparément le jus du céleri-rave et celui des tiges de céleri.

2 Mixez les jus obtenus puis incorporez l'infusion de safran (avec les pistils).

SPICY

SCARLETT LADY

POUR 1 VERRE

Préparation : 5 min

250 g de tomates bien mûres, en quartiers
8 belles feuilles de basilic
3 oignons nouveaux nettoyés
1 poivron rouge coupé en 2 et évidé

POUR SERVIR

glace pilée
feuilles de basilic frais

1 Placez les tomates, le basilic, les oignons et le poivron dans un blender et mixez-les en un mélange lisse et homogène.

2 Versez dans un verre sur de la glace et décorez de feuilles de basilic. Vous pouvez saler et poivrer à votre goût.

CAROTTE-AVOCAT MOUSSEUX

POUR 1 VERRE

Préparation : 5 min

250 g de carottes
1/2 avocat pelé et en morceaux
110 g de germes de soja
1 yaourt (125 g)

POUR SERVIR

glaçons
bâtonnets de carotte

1 Extrayez le jus des carottes. Versez-le dans un blender, ajoutez l'avocat, les germes de soja et le yaourt, puis mixez le tout en un mélange lisse et homogène.

2 Versez dans un verre sur des glaçons et décorez de bâtonnets de carotte.

POURPRE CRÉMEUX

POUR 1 VERRE

Préparation : 5 min

2 petites betteraves, extrémités enlevées
10 cl de yaourt
1 c. à café de graines de moutarde

POUR SERVIR

graines de moutarde

1 Extrayez le jus des betteraves, puis mixez-le avec les autres ingrédients.

2 Versez le mélange dans un verre, saupoudrez de graines de moutarde et servez aussitôt.

SPICY

FOLIE FLAMENCA

POUR 1 VERRE

Préparation : 5 min

2 poivrons rouges équeutés, épépinés, en quartiers et grillés
1 yaourt (125 g)
50 g de tomates séchées hachées
22 cl d'eau plate glacée

POUR SERVIR

glaçons
feuilles de basilic frais

1 Versez d'abord l'eau dans un blender, puis ajoutez les quartiers de poivron, le yaourt et les tomates. Salez et poivrez, puis mixez en un mélange homogène.

2 Versez dans un verre sur des glaçons et décorez de feuilles de basilic.

BONHEUR DE BETTERAVE

POUR 1 VERRE

Préparation : 5 min

125 g de betterave rouge cuite et en morceaux
1 yaourt (125 g)
1 gousse d'ail pelée et hachée
10 g de ciboulette fraîche ciselée
10 cl de jus de pomme frais

POUR SERVIR

brins de ciboulette

1 Placez tous les ingrédients ensemble dans un blender et mixez-les en un mélange lisse et homogène.

2 Versez dans un verre et décorez de brins de ciboulette.

ANTIOXYDANT

JADE GINGEMBRE

POUR 1 VERRE

Préparation : 5 min

1/2 melon d'eau pelé et épépiné
2 branches de céleri nettoyées
1 cm de gingembre frais pelé

1 Extrayez d'abord le jus du melon.

2 Passez ensuite ensemble le céleri et le gingembre à l'extracteur.

3 Mélangez tous les jus dans un grand verre.

AVOCAT GLACÉ

POUR 1 VERRE

Préparation : 5 min

1/4 de laitue
1 citron vert pelé
1/4 de concombre
1/2 avocat pelé et dénoyauté
1 c. à café de wasabi (facultatif)
3 glaçons

1 Passez la laitue, le citron vert et le concombre à l'extracteur pour récupérer le jus.

2 Transférez dans un blender et mixez avec l'avocat et, éventuellement, le wasabi.

3 Servez sur des glaçons.

AGENT ORANGE

POUR 1 VERRE

Préparation : 10 min

1/2 papaye d'environ 300 g, épépinée et hachée
3 grosses oranges, pelées et en quartiers
2 branches de céleri en petits tronçons

POUR SERVIR

lamelles ou rondelles d'orange
feuilles de céleri

1 Mettez la papaye, les oranges et le céleri dans une centrifugeuse ou un extracteur pour en extraire le jus.

2 Versez le mélange dans un verre. Décorez de rondelles d'orange et de feuilles de céleri. Servez aussitôt.

EXOTIQUE

ALERTE ROUGE

POUR 1 VERRE

Préparation : 5 min

750 g de tomates mûres, coupées en 2
85 g de carottes en morceaux
1 branche de céleri avec les feuilles, en bâtonnets de 5 cm

POUR SERVIR

bâtonnets de carotte ou de céleri

1 Mettez tous les légumes ensemble dans une centrifugeuse ou un extracteur. Versez le jus obtenu dans un verre.

2 Décorez d'un bâtonnet de céleri ou de carotte, qui servira à mélanger les jus (qui se séparent très vite) juste avant de boire.

COULEUR CONCOMBRE

POUR 1 VERRE

Préparation : 5 min

200 g de concombre
110 g de bulbe de fenouil débarrassé des feuilles extérieures et en morceaux
150 g d'asperges tendres

POUR SERVIR

glaçons
frondes de fenouil

1 Mettez ensemble le concombre, le fenouil et les asperges dans une centrifugeuse ou un extracteur pour en extraire le jus.

2 Versez le mélange obtenu dans un grand verre, sur des glaçons. Garnissez de frondes de fenouil.

SO FRESH !

FRAÎCHEUR THAÏE

POUR 1 VERRE

Préparation : 5 min

2 carottes, extrémités enlevées
1 bouquet de coriandre fraîche
12 cl de lait de coco

1 Extrayez le jus des carottes.

2 Mixez-le avec la coriandre et le lait de coco.

RÉGÉNÉRANT

POUR 1 VERRE

Préparation : 5 min

6 radis avec leurs feuilles
1 citron pelé
3 carottes, extrémités enlevées

1 Passez tous les ingrédients dans l'extracteur pour récupérer le jus.

2 Mélangez bien et servez dans un grand verre.

CAROTTE FRAPPÉE

POUR 1 VERRE

Préparation : 5 min

175 g de carottes
2 branches de céleri nettoyées
1 pomme évidée et en quartiers

POUR SERVIR

glace pilée

1 Mettez ensemble les carottes, le céleri et la pomme dans une centrifugeuse ou un extracteur pour en extraire le jus.

2 Versez dans un verre sur de la glace pilée et servez.

DÉTOX ET ÉNERGIE

Autofocus	**96**
Tendre fenouil	**98**
Souffle lumineux	**99**
Plein la vue	**100**
Coup de fouet	**102**
Œil de lynx	**104**
Lueur dorée	**105**
Détox printanière	**106**
Détente matinale	**108**
Betterave party	**110**
Rubis orange	**111**
Recharge orange	**112**
Cueille-moi	**114**

Poivron plus	116
Explosion aux prunes	117
Cresson zen	118
Flush royal	120
Baies glacées	121
Uppercut	122
Hâle doré	124
Vive le vert	126
Vert feuille	128
Cordial corail	130
Nectar toscan	132
Rouge tendre	134
Doux rempart	135

AUTOFOCUS

POUR 1 VERRE

Préparation : 5 min

2 citrons pelés
1 cm de gingembre frais pelé
20 cl d'infusion de camomille glacée

1 Extrayez ensemble les jus du citron et du gingembre.

2 Ajoutez la camomille et mélangez.

SPICY

TENDRE FENOUIL

POUR 1 VERRE

Préparation : 5 min

1/2 bulbe de fenouil sans la partie extérieure
2 pommes coupées en 2 et évidées
1 pincée de gingembre moulu

1 Passez séparément le fenouil et les pommes à la centrifugeuse ou dans un extracteur pour en extraire le jus.

2 Versez du jus de fenouil dans le jus de pomme à votre goût. Saupoudrez de gingembre et mélangez bien.

SOUFFLE LUMINEUX

POUR 1 VERRE

Préparation : 5 min

40 g de cresson
1 poivron orange
115 g de chou vert haché grossièrement
1 pomme en quartiers
1 c. à soupe de persil frais ciselé

1 Supprimez les feuilles jaunies du cresson. Émincez le poivron en laissant les pépins.

2 Mettez le cresson, le chou, la pomme et le poivron dans une centrifugeuse ou un extracteur pour en extraire le jus.

3 Incorporez le persil dans le jus obtenu, versez dans un verre et servez.

PLEIN LA VUE

POUR 1 VERRE

Préparation : 10 min

1 petit bulbe de fenouil
1 carotte hachée grossièrement
2 tiges de céleri hachées en tronçons

1 Coupez en 2 le bulbe de fenouil après avoir retiré la partie extérieure dure.

2 Mettez tous les légumes dans une centrifugeuse ou un extracteur pour en extraire le jus. Mélangez bien et servez.

COUP DE FOUET

POUR 1 VERRE

Préparation : 5 min

1 poivron jaune épépiné
1 poivron rouge épépiné
1 piment rouge épépiné
1 botte d'épinards, tiges dures enlevées et feuilles hachés

1. Extrayez d'abord le jus du poivron jaune.
2. Extrayez ensuite ensemble le jus du poivron rouge et du piment.
3. Extrayez enfin le jus des épinards.
4. Versez tous les jus dans un verre, sans les mélanger. Remuez avant de boire.

SPICY

ŒIL DE LYNX

POUR 1 VERRE

Préparation : 10 min

225 g de carottes en petits dés
1 pomme en quartiers
2 oranges pelées
2 c. à soupe de persil frais ciselé

1 Mettez dans une centrifugeuse ou un extracteur les carottes, la pomme et les oranges pour en extraire le jus.

2 Versez dans un verre et saupoudrez de persil.

LUEUR DORÉE

POUR 1 VERRE

Préparation : 5 min

4 abricots dénoyautés
la chair de 1 mangue moyenne
2 pêches en tranches
2 grosses oranges pelées
et en morceaux

POUR SERVIR

zeste d'orange émincé en julienne

1 Mettez tous les fruits dans une centrifugeuse ou un extracteur pour en extraire le jus.

2 Versez dans un verre et décorez de zestes d'orange.

DÉTOX PRINTANIÈRE

POUR 1 VERRE

Préparation : 5 min

2 carottes moyennes
1/4 de concombre (125 g environ)
1 petite betterave (75 g environ)
2 tiges de céleri avec les feuilles

POUR SERVIR

glace pilée
brins d'aneth frais

1 Coupez en petits morceaux les carottes, le concombre, la betterave et le céleri.

2 Mettez tous les légumes dans une centrifugeuse ou un extracteur pour en extraire le jus.

3 Servez sur de la glace et décorez de brins d'aneth.

INSOLITE

DÉTENTE MATINALE

POUR 1 VERRE

Préparation : 5 min

2 poires évidées et en quartiers
1 pomme évidée et en quartiers
8 prunes dénoyautées

1 Mettez les quartiers de pomme et de poire dans une centrifugeuse ou un extracteur pour en extraire le jus.

2 Transférez dans un blender et ajoutez les prunes. Mixez longuement.

BETTERAVE PARTY

POUR 1 VERRE

Préparation : 15 min

1 petite betterave en petits dés
200 g de carottes en petits morceaux
1 pomme de terre (225 g environ) avec la peau, en petits morceaux
4 radis, extrémités enlevées

POUR SERVIR

1 carotte coupée en julienne

1 Mettez tous les légumes dans une centrifugeuse ou un extracteur pour en extraire le jus.

2 Versez dans des verres et servez garni de julienne de carottes.

RUBIS ORANGE

POUR 1 VERRE

Préparation : 5 min

1 petite betterave en petits morceaux
3 grosses oranges pelées et en quartiers

1 Mettez la betterave et les oranges dans une centrifugeuse ou un extracteur pour en extraire le jus.

2 Versez dans des verres et servez.

RECHARGE ORANGE

POUR 1 VERRE

Préparation : 5 min

3 carottes, extrémités coupées
1 orange pelée
2 c. à café de spiruline en poudre
1 c. à café de graines de sésame

1 Extrayez ensemble le jus des carottes et de l'orange.

2 Saupoudrez de spiruline et de graines de sésame.

ANTIOXYDANT

CUEILLE-MOI

POUR 1 VERRE

Préparation : 5 min

2 oranges pelées
8 feuilles de menthe fraîches
1 citron vert pelé
la pulpe de 1 fruit de la Passion

POUR SERVIR

1 brin de menthe

1 Mettez les oranges, la menthe et le citron vert dans une centrifugeuse ou un extracteur pour en extraire le jus.

2 Incorporez la pulpe de fruit de la Passion et décorez avec le brin de menthe.

POIVRON PLUS

POUR 1 VERRE

Préparation : 5 min

1 poivron rouge émincé, avec les graines
1 carotte moyenne en petits morceaux
1 orange moyenne pelée et en morceaux

1 Mettez le poivron, la carotte et l'orange dans une centrifugeuse ou un extracteur pour en extraire le jus.

2 Versez dans des verres et servez.

EXPLOSION AUX PRUNES

POUR 1 VERRE

Préparation : 10 min
Trempage : 1 h

4 grosses prunes dénoyautées
1 pêche dénoyautée
2 tiges de céleri avec les feuilles, en courts tronçons
2 carottes moyennes en morceaux

1 Faites tremper les prunes 1 h dans 10 cl d'eau bouillante, puis mixez-les dans un blender avec leur eau de trempage.

2 Mettez la pêche, le céleri et les carottes dans une centrifugeuse ou un extracteur pour en extraire le jus. Incorporez la purée de prunes en fouettant.

3 Versez dans un verre et servez.

CRESSON ZEN

POUR 1 VERRE

Préparation : 5 min

2 nashis (ou 2 poires), en quartiers
200 g de melon à chair blanc-vert, Galia par exemple
75 g de cresson

1 Pelez le melon si la peau est dure et détaillez la chair en morceaux. Éliminez les feuilles jaunies du cresson.

2 Mettez les nashis, la chair du melon et le cresson dans une centrifugeuse ou un extracteur pour en extraire le jus. Versez dans un verre et servez.

INSOLITE

FLUSH ROYAL

POUR 1 VERRE

Préparation : 5 min

1 carotte en petits morceaux
1 betterave crue avec ses feuilles
1 pomme, évidée et en morceaux
2 cm de gingembre frais pelé
1/2 citron vert pelé

1 Mettez tous les ingrédients dans une centrifugeuse ou un extracteur pour en extraire le jus.

2 Mélangez et servez.

BAIES GLACÉES

POUR 1 VERRE

Préparation : 5 min

1 pomme en quartiers
75 g de cassis égrappé
75 g de myrtilles
75 g de mûres

POUR SERVIR

glaçons

1 Mettez tous les fruits dans une centrifugeuse ou un extracteur pour en extraire le jus.

2 Versez sur des glaçons et servez.

UPPERCUT

POUR 1 VERRE

Préparation : 5 min

2 bottes d'épinards
2 tiges de céleri avec les feuilles
1 gousse d'ail pelée
1 pincée de piment de Cayenne en poudre
15 cl d'eau plate

1 Déchiquetez les grandes feuilles des épinards et éliminez les tiges trop dures.

2 Mettez les épinards, le céleri et l'ail dans une centrifugeuse ou un extracteur pour en extraire le jus.

3 Ajoutez l'eau et assaisonnez à votre goût en piment.

SPICY

HÂLE DORÉ

POUR 1 VERRE

Préparation : 5 min

450 g de rhubarbe en petits tronçons, sans les feuilles
1 grosse orange pelée et en morceaux
2 carottes moyennes en morceaux
1 cm de gingembre frais, avec la peau et émincé

1 Mettez ensemble la rhubarbe, l'orange, les carottes et le gingembre dans une centrifugeuse ou un extracteur pour en extraire le jus.

2 Versez dans des verres et diluez avec un peu d'eau si vous trouvez la consistance trop épaisse.

VIVE LE VERT

POUR 1 VERRE

Préparation : 5 min

2 bottes de cresson
(200 g environ)
100 g de feuilles d'épinards
2 pommes en quartiers
2 tiges de céleri avec les feuilles, en cubes

1 Supprimez toutes les feuilles jaunes du cresson et déchiquetez les grandes feuilles des épinards. Réservez quelques brins de cresson pour décorer.

2 Extrayez ensemble les jus de tous les ingrédients, en procédant par petites quantités pour obtenir le maximum de liquide.

3 Versez dans un verre et décorez avec le cresson réservé.

SO GREEN

VERT FEUILLE

POUR 1 VERRE

Préparation : 5 min

2 tiges de céleri avec les feuilles, en petits tronçons
1 pomme en quartiers
125 g de romaine
75 g de feuilles d'épinards
75 g de pois gourmands

1 Déchiquetez grossièrement les feuilles de romaine et les grandes feuilles d'épinards.

2 Mettez tous les ingrédients dans une centrifugeuse ou un extracteur pour en extraire le jus. Versez dans un verre et servez.

CORDIAL CORAIL

POUR 1 VERRE

Préparation : 5 min

2 pommes évidées et en quartiers
1 poignée de framboises
1 poignée de fraises équeutées
10 gouttes d'extrait de ginseng

1 Mettez les pommes dans une centrifugeuse ou un extracteur pour en extraire le jus.

2 Mixez ce dernier avec les framboises et les fraises.

3 Incorporez l'extrait de ginseng et mélangez bien.

ANTIOXYDANT

NECTAR TOSCAN

POUR 1 VERRE

Préparation : 5 min

2 poignées de raisin
(environ 30 grains)
2 figues fraîches équeutées
et coupées en 2
le jus de 1/2 citron

1 Extrayez d'abord le jus des grains de raisin, puis celui des figues.

2 Incorporez le jus de citron et servez.

ROUGE TENDRE

POUR 1 VERRE

Préparation : 5 min

2 poignées de framboises fraîches ou surgelées
2 poignées de cranberries fraîches ou surgelées
1/2 tige de citronnelle hachée
1 c. à soupe d'extrait de fleurs de sureau
20 cl d'eau (plate ou gazeuse)

1 Mettez les framboises, les cranberries et la citronnelle dans une centrifugeuse ou un extracteur pour en extraire le jus.

2 Diluez l'extrait de sureau dans l'eau et versez ce mélange sur le jus. Remuez.

DOUX REMPART

POUR 1 VERRE

Préparation : 5 min

2 nectarines dénoyautées
1 pêche dénoyautée
5 fraises équeutées

1 Mettez les nectarines et la pêche dans une centrifugeuse ou un extracteur pour en extraire le jus.

2 Versez dans un blender, ajoutez les fraises, puis mixez en un mélange homogène.

RELAXANTS

Au pied des mûres	**138**
Douceur d'érable	**139**
Baies des anges	**140**
Lune de miel	**142**
Perfection pacifique	**143**
Décompression	**144**
Détente aux figues	**146**
Melon pastèque	**147**
Nuit câline	**148**
Fleur orangée	**150**
Convalescence	**151**
Sauge citron	**152**
Keep cool	**154**

No stress	155
Lait safrané	156
Calorifère anisé	158
Camomille glacée	159
Poire parfaite	160
Orangeville	162
Tomate tonique	163
Citron relaxant	164
In the mood	166
Panthère rose	167
Thé chaud épicé à l'orange	168
Cordial délassant	170
Bleu épices	172

AU PIED DES MÛRES

POUR 1 VERRE

Préparation : 5 min

2 poignées de mûres
2 pommes évidées et en quartiers
1 pincée de cannelle en poudre

1 Passez les mûres et les pommes à la centrifugeuse ou dans un extracteur pour en extraire le jus.

2 Incorporez la cannelle. Servez froid ou tiédi à feu doux.

DOUCEUR D'ÉRABLE

POUR 1 VERRE

Préparation : 5 min

3 prunes dénoyautées
2 pincées de cannelle en poudre
6 c. à soupe de yaourt
2 c. à soupe de sirop d'érable

1 Passez les prunes à la centrifugeuse ou dans un extracteur pour en extraire le jus.

2 Versez dans un blender, ajoutez les autres ingrédients et mixez.

BAIES DES ANGES

POUR 1 VERRE

Préparation : 5 min

115 g de fraises
115 g de framboises
115 g de mûres
115 g de myrtilles

POUR SERVIR
quelques baies entières

1 Mettez toutes les baies dans une centrifugeuse ou un extracteur pour en extraire le jus.

2 Versez dans un verre et servez décoré de baies.

GIRLY

LUNE DE MIEL

POUR 2 VERRES

Préparation : 5 min

1 portion de jus de pomme
1 portion de jus d'orange frais
1 citron vert
2 c. à café de miel liquide
glace pilée

POUR SERVIR

zeste d'orange
cerises au marasquin

1 Placez 1 c. de glace pilée dans un shaker à cocktails, ajoutez le jus d'orange, le jus de pomme et le miel, puis pressez le citron vert sur ce mélange.

2 Agitez vivement puis versez dans 2 flûtes. Garnissez d'une spirale de zeste d'orange et d'une cerise.

PERFECTION PACIFIQUE

POUR 1 VERRE

Préparation : 10 min

1/4 d'ananas pelé et en gros morceaux
1/2 mangue pelée et en gros morceaux
la pulpe de 2 fruits de la Passion

1 Mettez l'ananas et la mangue dans une centrifugeuse ou un extracteur pour en extraire le jus.

2 Incorporez la pulpe de fruit de la Passion. Versez dans un verre.

DÉCOMPRESSION

POUR 1 VERRE

Préparation : 5 min

115 g de feuilles d'épinards
50 g de cresson
2 poires en quartiers

POUR SERVIR

brins de cresson

1 Déchiquetez les plus grandes feuilles des épinards. Supprimez les feuilles jaunies du cresson.

2 Mettez tous les ingrédients dans une centrifugeuse ou un extracteur pour en extraire le jus.

3 Versez dans un verre. Servez garni de cresson.

SO GREEN

DÉTENTE AUX FIGUES

POUR 1 VERRE

Préparation : 5 min

2 figues fraîches ouvertes en 2
1 orange pelée
les graines de 1 gousse de vanille
6 c. à soupe de yaourt
2 c. à café de miel

1 Pressez l'orange. Versez le jus obtenu dans un blender, ajoutez le reste des ingrédients et mixez.

2 Servez aussitôt dans un verre.

MELON PASTÈQUE

POUR 1 VERRE

Préparation : 10 min

1/2 melon charentais
1/2 petite pastèque
(650 g environ)
1 petit citron coupé en 2
et épépiné

POUR SERVIR

feuilles de menthe ciselées
glaçons (facultatif)

1 Coupez le melon et la pastèque en dés en laissant la peau et les pépins (réservez quelques dés de pastèque pour la décoration).

2 Mettez le melon et la pastèque dans une centrifugeuse ou un extracteur pour en extraire le jus. Incorporez du jus de citron à votre goût. Versez dans un verre glacé ou sur des glaçons, décorez de dés de pastèque et de menthe.

NUIT CÂLINE

POUR 1 VERRE

Préparation : 5 min

2 pommes en quartiers
1 citron pelé et en morceaux
1 orange pelée et en morceaux
1 petit morceau de bâton de cannelle
eau chaude
1 ou 2 c. à café de miel liquide

POUR SERVIR

rondelles d'orange
fines tranches de pommes

1 Passez tous les fruits à la centrifugeuse ou dans un extracteur pour en extraire le jus. Réservez.

2 Au moment de servir, versez le jus dans un verre ou dans un mug jusqu'à mi-hauteur, ajoutez le morceau de cannelle et complétez avec de l'eau chaude. Sucrez à votre goût avec le miel. Servez garni de morceaux d'orange et de pomme. Enlevez la cannelle avant de boire.

SPICY

SCHOTT'S

FLEUR ORANGÉE

POUR 1 VERRE

Préparation : 5 min

2 abricots dénoyautés
2 pêches dénoyautées
eau de fleur d'oranger

1 Extrayez ensemble le jus des abricots et des pêches.

2 Ajoutez un bouchon d'eau de fleur d'oranger et mélangez.

CONVALESCENCE

POUR 1 VERRE

Préparation : 5 min

2 poignées de grains de raisin
1 papaye pelée et épépinée
1/2 citron

1 Extrayez le jus du raisin et de la papaye.

2 Pressez le citron sur le jus obtenu et remuez.

SAUGE CITRON

POUR 1 VERRE

Préparation : 5 min

2 oranges pelées
1 citron pelé
6 feuilles de sauge fraîche
4 glaçons

1 Passez les oranges, le citron et la sauge à la centrifugeuse ou dans un extracteur pour en extraire le jus.

2 Versez sur les glaçons et servez.

KEEP COOL

POUR 1 VERRE

Préparation : 10 min

1/2 concombre en morceaux
100 g de carottes grossièrement hachées
1 tige de céleri hachée, feuilles comprises
1/2 ananas pelé et en morceaux

POUR SERVIR

feuilles d'ananas
feuilles de céleri

1 Mettez les légumes et l'ananas dans une centrifugeuse ou un extracteur pour en extraire le jus.

2 Versez dans un verre et servez décoré de feuilles d'ananas et de céleri.

NO STRESS

POUR 1 VERRE

Préparation : 5 min

175 g de feuilles de chou vert
225 g de panais
1 petite patate douce
glaçons (facultatif)

1 Coupez le chou, le panais et la patate douce en morceau. Mettez-les dans un extracteur pour en extraire le jus.

2 Versez dans des verres glacés ou remplis de glaçons.

LAIT SAFRANÉ

POUR 1 VERRE

Préparation : 5 min

1 pincée de safran infusée dans
1 c. à café d'eau chaude
1 banane pelée
12 cl de lait entier

1 Mixez tous les ingrédients ensemble dans un blender.

2 Servez dans un grand verre.

SPICY

CALORIFÈRE ANISÉ

POUR 1 VERRE

Préparation : 10 min

2 poires évidées et en quartiers
1 pomme évidée et en quartiers
2 étoiles de badiane

1 Extrayez le jus des fruits et versez-le dans une casserole.

2 Ajoutez la badiane. Portez lentement à ébullition, puis laissez infuser. Versez dans un verre et servez chaud.

CAMOMILLE GLACÉE

POUR 1 VERRE

Préparation : 5 min

20 cl d'infusion de camomille
(2 sachets d'infusion)
1 papaye pelée et épépinée

POUR SERVIR

glaçons

1 Mettez la camomille infusée et la papaye dans un blender, puis mixez en un mélange homogène.

2 Versez dans un verre sur des glaçons.

POIRE PARFAITE

POUR 1 VERRE

Préparation : 5 min

2 poires évidées et coupées en 2
1 c. à soupe de pignons de pin

1 Passez les poires à la centrifugeuse ou dans un extracteur pour en extraire le jus.

2 Grillez à sec les pignons dans une poêle pour les dorer légèrement puis mixez-les avec le jus de poire.

3 Servez dans un grand verre.

ORANGEVILLE

POUR 1 VERRE

Préparation : 10 min

1 pamplemousse
1 orange
1/2 citron jaune
1/2 citron vert

1 Pelez les agrumes et coupez-les en morceaux.

2 Mettez tous les fruits dans la centrifugeuse ou un extracteur pour en extraire le jus.

3 Versez dans un grand verre et remuez.

TOMATE TONIQUE

POUR 1 VERRE

Préparation : 5 min

4 tomates équeutées
1 gousse d'ail pelée
6 feuilles de sauge fraîche
3 glaçons

1 Extrayez ensemble les jus des tomates, de l'ail et de la sauge.

2 Mélangez bien et versez sur les glaçons.

CITRON RELAXANT

POUR 4 VERRES

Préparation : 10 min

2 gros citrons en morceaux
2 ou 3 c. à soupe de sucre
4 à 8 c. à café de sorbet citron

1 Mettez les citrons dans un blender avec 2 c. à soupe de sucre. Mixez en un mélange lisse et homogène.

2 Transvasez dans un verre mesureur en pressant le maximum de pulpe à travers un tamis avec une cuillère en bois. Goûtez et ajoutez si nécessaire un peu de sucre, sans oublier que le sorbet va aussi adoucir la boisson. Complétez avec de l'eau pour obtenir en tout 50 cl de liquide.

3 Versez dans des verres larges et ajoutez dans chacun 1 ou 2 c. à café de sorbet. Laissez fondre un peu avant de boire.

SO FRESH !

IN THE MOOD

POUR 1 VERRE

Préparation : 10 min

1/2 melon charentais, en petits morceaux avec la peau
1 grosse orange pelée et en dés
1 figue
1 banane en 3 ou 4 tronçons

POUR SERVIR

tranches fines de figues

1 Extrayez ensemble les jus du melon, de l'orange et de la figue. Versez dans un blender, ajoutez la banane et mixez pour obtenir un mélange lisse et homogène.

2 Versez dans des verres. Coupez la figue restante en tranches fines pour en décorer les verres.

PANTHÈRE ROSE

POUR 4 VERRES

Préparation : 5 min

700 g de melon charentais en morceaux, avec la peau et les pépins
8 litchis pelés et dénoyautés
175 g de fraise
175 g de framboises

1 Coupez les fraises en 2 sans les équeuter.

2 Passez tous les fruits à la centrifugeuse ou dans un extracteur pour en extraire le jus. Versez dans des verres et servez.

THÉ CHAUD
ÉPICÉ À L'ORANGE

POUR 1 VERRE

Préparation : 5 min
Infusion : 5 min

1 gros citron
1 grosse orange
85 cl d'eau
4 ou 5 clous de girofle
1 bâton de cannelle
3 sachets de thé vert
miel ou sucre à volonté

POUR SERVIR

bâtonnets de cannelle
rondelles d'orange

1 Pressez séparément le citron et l'orange. Vous devriez obtenir environ 3 c. à soupe de jus de citron et 6 c. à soupe de jus d'orange.

2 Portez à ébullition 85 cl d'eau avec les clous de girofle et la cannelle dans une casserole. Retirez du feu, laissez reposer 1 minute, puis ajoutez les sachets de thé. Laissez infuser 5 min.

3 Retirez les sachets de thé et ajoutez éventuellement du sucre ou du miel pour adoucir. Incorporez le jus des agrumes et réchauffez doucement. Servez avec des bâtonnets de cannelle et des rondelles d'orange.

ANTIOXYDANT

CORDIAL DÉLASSANT

POUR 1 VERRE

Préparation : 5 min

2 pommes en quartiers
350 g de prunes dénoyautées
100 g de mûres

POUR SERVIR

lamelles de pomme en julienne

1 Mettez les pommes, les prunes et les mûres dans une centrifugeuse ou un extracteur pour en extraire le jus.

2 Versez dans un verre et servez garni de julienne de pomme.

BLEU ÉPICES

POUR 1 VERRE

Préparation : 5 min

1 orange pelée
3 poignées de myrtilles
1 pomme évidée et en quartiers
1 pincée de noix de muscade râpée
1 pincée de cannelle moulue

1 Passez l'orange, les myrtilles et la pomme à la centrifugeuse ou dans un extracteur pour en extraire le jus.

2 Incorporez la muscade et la cannelle. Servez dans des verres.

SPICY

FESTIFS ET GOURMANDS

Fraîcheur Malibu	**176**
Bulles de raisin	**178**
Passion pêches	**179**
Mangue lascive	**180**
Framboises électriques	**182**
Fashion fraises	**183**
Virgin Mary	**184**
Banana Bomb	**186**
Gazouillis cranberries	**188**
Gingembre booster	**189**
Fraîcheur des tropiques	**190**
Parfum de paradis	**192**
Fantasia	**193**

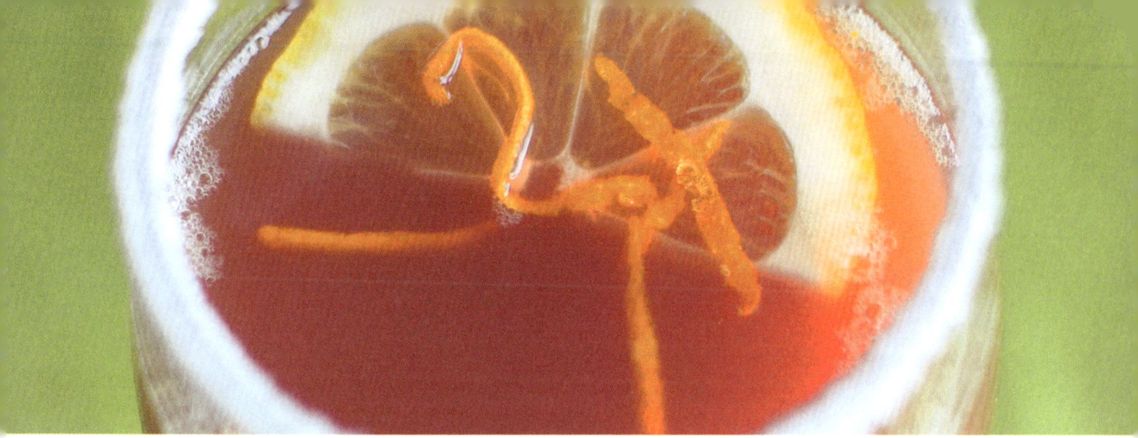

Passion	**194**
Surfers' Paradise	**196**
Vif argent	**197**
Zéphyr des îles	**198**
Fraîcheur australienne	**200**
Bulles aux raisins	**201**
Ananas au raisin	**202**
Fungria	**204**
Cendrillon	**206**
Soda d'été	**208**
Hélène de Troie	**209**
Romance des îles	**210**
Joyeuses prunes	**212**

FRAÎCHEUR MALIBU

POUR 1 VERRE

Préparation : 5 min

1/2 ananas pelé
1 c. à soupe d'amandes en poudre
2 c. à soupe de lait de coco
3 glaçons

1 Passez l'ananas à la centrifugeuse ou dans un extracteur pour en extraire le jus.

2 Incorporez les amandes et le lait de coco. Versez sur les glaçons.

EXOTIQUE

BULLES DE RAISIN

POUR 1 VERRE

Préparation : 5 min

1 grappe de raisin blanc égrainée
1 c. à café d'extrait de sureau
18 cl d'eau gazeuse
3 glaçons

1 Extrayez le jus des raisins.

2 Ajoutez l'extrait de sureau, délayez le mélange dans l'eau. Servez sur les glaçons.

PASSION PÊCHES

POUR 1 VERRE

Préparation : 5 min

2 pêches dénoyautées
8 feuilles de menthe fraîches hachées
la chair de 2 fruits de la Passion
4 glaçons

POUR SERVIR

brins de menthe fraîche

1 Mettez les pêches et la menthe dans une centrifugeuse ou un extracteur pour en extraire le jus.

2 Incorporez la chair des fruits de la Passion et versez sur les glaçons. Servez décoré de menthe.

MANGUE LASCIVE

POUR 1 VERRE

Préparation : 5 min

la chair de 1 mangue pelée
1 pomme évidée et en quartiers
1/2 tige de citronnelle hachée
1/2 cm de gingembre frais pelé

POUR SERVIR

fines lamelles de mangue

1 Mettez la mangue, la pomme, la citronnelle et le gingembre dans une centrifugeuse ou un extracteur pour en extraire le jus.

2 Versez dans des verres et décorez d'une lamelle de mangue.

EXOTIQUE

FRAMBOISES ÉLECTRIQUES

POUR 1 VERRE

Préparation : 5 min

3 poignées de framboises
1 citron vert pelé
2 oranges pelées
6 feuilles de menthe fraîche
3 glaçons

1 Extrayez ensemble le jus des framboises, du citron vert et de l'orange.

2 Ciselez la menthe et incorporez-la au jus obtenu. Versez sur les glaçons.

FASHION FRAISES

POUR 1 VERRE

Préparation : 5 min

2 poignées de fraises équeutées
2 c. à café de vinaigre balsamique
8 cl de crème fraîche
miel selon votre goût
1 ou 2 glaçons

1 Mixez les fraises en purée lisse.

2 Incorporez le vinaigre et la crème, puis sucrez à votre goût avec le miel. Servez sur les glaçons.

VIRGIN MARY

POUR 1 VERRE

Préparation : 5 min

20 cl de jus de tomates
2 c. à soupe de jus de citron frais
2 giclées de sauce Worcestershire
2 gouttes de Tabasco®
1 pincée de sel de céleri
1 tige de céleri
glaçons

1 Placez quelques glaçons dans un shaker, puis ajoutez le reste des ingrédients. Agitez vigoureusement.

2 Versez dans un verre à whisky et décorez avec la tige de céleri qui servira d'agitateur.

SPICY

BANANA BOMB

POUR 1 VERRE

Préparation : 5 min

1 banane mûre en grosses tranches
1 œuf
1 c. à soupe de miel liquide
lait entier

1 Mettez la banane dans le blender. Ajoutez l'œuf, le miel et assez de lait pour remplir un verre. Mixez pour obtenir la consistance d'un milk-shake.

2 Servez dans un verre à cocktail.

3 L'œuf cru peut être supprimé pour ceux qui ne souhaitent ou ne doivent pas en consommer, mais cela réduit la richesse de la boisson.

INSOLITE

GAZOUILLIS CRANBERRIES

POUR 1 VERRE

Préparation : 5 min

1 portion de jus de cranberries
1 portion de jus de citron frais
1 portion d'eau gazeuse
glace pilée

POUR SERVIR

1 rondelle de citron

1 Remplissez un grand verre de glace pilée. Versez les jus de cranberries et de citron, puis complétez avec l'eau gazeuse.

2 Remuez délicatement et décorez d'une rondelle de citron.

GINGEMBRE BOOSTER

POUR 1 VERRE

Préparation : 5 min

1 portion de jus d'orange frais
1 portion de jus de pamplemousse frais
1 portion de jus de cranberries
2 c. à café de confiture de gingembre
1/2 c. à café de gingembre en poudre ou frais râpé
glace pilée

POUR SERVIR

1 rondelle d'orange

1 Mettez de la glace pilée dans un shaker, puis ajoutez le reste des ingrédients.

2 Agitez vigoureusement, versez dans un grand verre et garnissez d'une rondelle d'orange.

FRAÎCHEUR DES TROPIQUES

POUR 1 VERRE

Préparation : 5 min

4 portions de jus d'ananas
2 portions de jus d'orange frais
1 portion de jus ou de liqueur de fruit de la Passion
1 portion de lait de coco
glace pilée

POUR SERVIR

1 tranche d'ananas

1 Mettez de la glace pilée dans un shaker, puis ajoutez le reste des ingrédients.

2 Agitez vigoureusement, versez dans un grand verre et décorez d'une tranche d'ananas.

EXOTIQUE

PARFUM DE PARADIS

POUR 1 VERRE

Préparation : 5 min

8 litchis
1 c. à café d'eau de rose
2 ou 3 glaçons
1 c. à café de sirop de grenadine

1. Mixez les litchis avec l'eau de rose et les glaçons.
2. Incorporez la grenadine.

FANTASIA

POUR 1 VERRE

Préparation : 5 min

6 fraises rincées et équeutées
1 tranche de melon de Cavaillon pelé
1 portion de jus d'orange frais
1 portion de jus d'ananas

POUR SERVIR

1 portion de glace pilée
1 petite tranche d'ananas

1 Mettez 5 fraises et le melon dans un blender, versez les jus d'orange et d'ananas, puis mixez le tout en un mélange lisse et homogène.

2 Remplissez un verre de glace pilée et versez le mélange dessus. Garnissez avec la fraise restante coupée en 2 et la tranche d'ananas.

PASSION

POUR 1 VERRE

Préparation : 5 min

1 banane en morceaux
le jus de 1 orange mélangé à la même quantité de jus de mangue
2 c. à café de pulpe de fruit de la Passion
glaçons

POUR SERVIR

1 cerise au marasquin ou confite

1 Mettez la banane dans un blender. Ajoutez le mélange de jus orange-mangue et mixez environ 10 sec.

2 Remplissez de glaçons un verre à cocktail et versez le jus dessus. Décorez avec une cerise.

EXOTIQUE

SURFERS' PARADISE

POUR 1 VERRE

Préparation : 5 min

le jus de 1 citron vert
2 doigts d'Angostura
limonade
glace pilée

POUR SERVIR

1 rondelle de citron vert

1 Placez dans un grand verre 1 c. à soupe de glace pilée. Versez le jus de citron vert, l'Angostura et la limonade.

2 Remuez délicatement et décorez d'une rondelle de citron vert.

VIF ARGENT

POUR 1 VERRE

Préparation : 5 min

1 blanc d'œuf
4 glaçons
le jus de 1 gros citron
le même volume de nectar d'abricot
1 c. à soupe de sucre en poudre
eau gazeuse

POUR SERVIR

2 tranches de pomme granny

1 Placez les glaçons dans un shaker, ajoutez le blanc d'œuf, le jus de citron et le nectar d'abricot.

2 Sucrez à votre goût et remuez pendant 10 sec. Versez dans un verre à vin et complétez avec l'eau gazeuse. Remuez délicatement.

3 Pour servir, placez les 2 tranches de pomme à cheval sur le bord du verre.

ZÉPHYR DES ÎLES

POUR 1 VERRE

Préparation : 5 min

1 portion de jus de cranberries
1 portion de jus de pamplemousse
glaçons

1 Remplissez un verre à cocktail de glaçons.

2 Versez les jus des cranberries et de pamplemousse sur la glace, mélangez délicatement. Servez immédiatement.

GIRLY

FRAÎCHEUR AUSTRALIENNE

POUR 1 VERRE

Préparation : 5 min

1 portion de jus d'ananas
1 portion de jus d'orange frais
1/2 portion de crème de coco
4 cl de sirop de sucre
6 glaçons

POUR SERVIR

tranches d'ananas
cerises confites ou au marasquin

1 Placez les glaçons dans un shaker, ajoutez les jus d'orange et d'ananas, la crème de coco et le sirop de sucre. Agitez vigoureusement.

2 Versez dans un grand verre et décorez d'une cerise et de quartiers d'ananas enfilés sur une pique à cocktail.

BULLES AUX RAISINS

POUR 1 VERRE

Préparation : 5 min

2 grains de raisin blanc
2 grains de raisin rouge
jus de citron frais
jus de raisin blanc pétillant
bien frappé

1 Enfilez les grains de raisin blanc et rouge en alternance sur une grande pique à cocktail que vous placez debout dans une flûte à champagne.

2 Versez un peu de jus de citron et remplissez le verre de pétillant de raisin.

ANANAS
AU RAISIN

POUR 1 VERRE

Préparation : 5 min

1 portion de jus d'ananas
2 portions de jus de raisin rouge
1 jaune d'œuf
1 c. à café de sucre en poudre
5 ou 6 glaçons

POUR SERVIR

noix de muscade

1 Placez les glaçons dans un shaker, puis ajoutez le jaune d'œuf, le sucre et les jus d'ananas et de raisin. Agitez vigoureusement.

2 Versez dans un grand verre à vin. Râpez un peu de muscade et servez.

SPICY

FUNGRIA

POUR 1 VERRE

Préparation : 10 min

1 portion de jus d'orange frais
1 portion de jus de raisin rouge frais
1 bonne dose de jus de citron
4 glaçons

POUR SERVIR

jus de citron
sucre en poudre
fines lamelles de zeste d'orange
1 rondelle de citron coupée en 2

1 Mouillez de jus de citron le bord supérieur d'un grand verre à vin que vous retournez ensuite dans le sucre étalé sur une soucoupe.

2 Placez les glaçons dans un shaker, puis ajoutez les jus d'orange, de raisin et de citron.

3 Agitez vigoureusement et versez dans le verre. Garnissez de zeste et des demi-rondelles de citron.

CENDRILLON

POUR 1 VERRE

Préparation : 5 min

1 portion de jus d'ananas
1 portion de jus de citron frais
1 portion de jus d'orange frais
sirop de grenadine
eau gazeuse
5 ou 6 glaçons

POUR SERVIR

quartier d'ananas

1 Placez les glaçons dans un shaker. Ajoutez les jus d'ananas, d'orange et de citron, ainsi que la grenadine.

2 Agitez vigoureusement et versez dans un verre haut. Complétez avec de l'eau gazeuse et décorez d'un quartier d'ananas.

SO FRESH !

SODA D'ÉTÉ

POUR 1 VERRE

Préparation : 5 min

le jus de 1 orange
le jus de 1 citron
le jus de 1 pamplemousse
5 ou 6 glaçons
eau gazeuse
1 boule de glace à la vanille

POUR SERVIR

cerise glacée

1 Placez les jus dans un shaker avec les glaçons. Agitez bien.

2 Versez ce mélange dans un verre à cocktail jusqu'à mi-hauteur. Complétez avec de l'eau gazeuse, puis ajoutez la glace à la vanille.

3 Surmontez d'une cerise et servez avec une cuillère à mélange.

HÉLÈNE DE TROIE

POUR 1 VERRE

Préparation : 5 min

4 portions de jus de pêche
2 portions de jus d'orange frais
1 portion de jus de citron frais
eau gazeuse
glace pilée

POUR SERVIR

rondelles de fruits ou cerises dénoyautées

1 Placez 1 c. de glace pilée dans un shaker, puis ajoutez les jus. Agitez vigoureusement et versez dans un grand verre à vin.

2 Complétez avec de l'eau gazeuse, puis décorez de rondelles de fruit ou de cerises enfilées sur une pique à cocktail.

ROMANCE DES ÎLES

POUR 1 VERRE

Préparation : 10 min

1 tranche de melon charentais bien mûr, pelé et en dés
1 c. à soupe de crème fouettée
le jus de 1 grosse orange
le même volume de lait de coco
le même volume de jus de mangue
glace pilée

1 Mettez le melon dans un blender avec la crème fouettée. Mixez en un mélange lisse et homogène. Versez dans une flûte à champagne jusqu'au tiers de sa hauteur.

2 En essayant de former des couches distinctes, versez délicatement le lait de coco sur la base au melon, puis les jus de mangue et d'orange.

3 Surmontez de crème fouettée et servez.

EXOTIQUE

JOYEUSES PRUNES

POUR 1 VERRE

Préparation : 5 min

2 grosses prunes très mûres, pelées et en dés
le jus de 1/2 citron
2 c. à soupe de sirop de sucre
2 c. à soupe de confiture de prunes
bitter tonic (boisson pétillante amère)
1 grosse c. à soupe de glace pilée

1 Placez les prunes dans un blender avec la glace pilée et 2 c. à soupe d'eau froide. Ajoutez le jus de citron, le sirop de sucre et la confiture, puis mixez en purée lisse et homogène.

2 Versez dans un verre haut et complétez avec du tonic. Remuez délicatement et servez.

INDEX DES RECETTES PAR ORDRE ALPHABÉTIQUE

Agent orange **84**
Alerte rouge **86**
Amour d'ananas **34**
Ananas au raisin **202**
Au pied des mûres **138**
Autofocus **96**
Avocat glacé **83**
À vos marques **55**
Baies brumeuses **46**
Baies des anges **140**
Baies glacées **121**
Banana Bomb **186**
Betterave carotte **67**
Betterave party **110**
Bleu épices **172**
Bonheur de betterave **80**
Bouton de rose **23**
Brise estivale **12**
Brume pourpre **28**
Brume rouge **66**
Bulles aux raisins **201**
Bulles de raisin **178**
Butternut et érable **61**
Calorifère anisé **158**
Camomille glacée **159**
Carotte-avocat mousseux **75**
Carotte frappée **92**
Céleri épicé **72**
Cendrillon **206**
Chaud devant **68**
Citron relaxant **164**
Convalescence **151**
Cordial corail **130**
Cordial délassant **170**
Couleur concombre **88**
Coup de fouet **102**
Crépuscule d'été **18**
Cresson zen **118**
Cueille-moi **114**
Décompression **144**
Délice aux cerises **10**
Délice mangue-carottes **62**
Désir de cranberries **42**
Détente aux figues **146**
Détente matinale **108**
Détox printanière **106**
Douceur d'érable **139**
Doux rempart **135**
Explosion aux baies **40**
Explosion aux prunes **117**
Fantasia **193**
Fashion fraises **183**
Fleur orangée **150**
Flush royal **120**
Folie flamenca **78**
Fraîcheur australienne **200**
Fraîcheur des tropiques **190**
Fraîcheur Malibu **176**
Fraîcheur thaïe **90**
Framboises électriques **182**
Fungria **204**
Gazouillis cranberries **188**
Géant rouge **56**
Gingembre booster **189**

Goyave buzz **16**
Hâle doré **124**
Hélène de Troie **209**
In the mood **166**
Jade gingembre **82**
Joyaux grenade-passion **48**
Joyeuses prunes **212**
Jus d'Halloween **64**
Keep cool **154**
Kiwi câlin **43**
Lait safrané **156**
Lassi à la mangue **20**
Lueur dorée **105**
Lune de miel **142**
Mangue lascive **180**
Matin ensoleillé **32**
Melon magique **35**
Melon pastèque **147**
Nectar toscan **132**
No stress **155**
Nuit câline **148**
Œil de lynx **104**
Orangeville **162**
Panthère rose **167**
Parfum de paradis **192**
Passion **194**
Passion entre-deux **30**
Passion papaye **44**
Passion pêches **179**
Pastèque plaisir **38**
Pêche d'enfer **17**
Perfection pacifique **143**
Pink Lady **29**
Plein la vue **100**
Poire parfaite **160**
Poivron plus **116**
Pourpre crémeux **76**
Raisins surprise **24**
Recharge orange **112**
Régénérant **91**
Rêve de Caraïbes **26**
Rêve de cocotiers **50**
Réveil grenat **22**
Romance des îles **210**
Rouge écarlate **60**
Rouge tendre **134**
Rubis orange **111**
Sauge citron **152**
Scarlett Lady **74**
Soda d'été **208**
Soie écarlate **36**
Souffle lumineux **99**
Surfers' Paradise **196**
Tendre fenouil **98**
Terracotta **70**
Thé chaud épicé à l'orange **168**
Tomate tonique **163**
Uppercut **122**
Végétalia **58**
Velours rouge **14**
Vert comme l'herbe **54**
Vert feuille **128**
Vif argent **197**
Virgin Mary **184**
Vive le vert **126**
Zéphyr des îles **198**

TABLE DES ÉQUIVALENCES FRANCE-CANADA

Poids	55 g	100 g	150 g	200 g	250 g	300 g	500 g	750 g	1 kg
	2 onces	3,5 onces	5 onces	7 onces	9 onces	11 onces	18 onces	27 onces	36 onces
Ces équivalences permettent de calculer le poids à quelques grammes près (en réalité, 1 once = 28 g).									

Capacités	5 cl	10 cl	15 cl	20 cl	25 cl	50 cl	75 cl
	2 onces	3,5 onces	5 onces	7 onces	9 onces	17 onces	26 onces
Pour faciliter la mesure des capacités, une tasse équivaut ici à 25 cl (en réalité, 1 tasse = 8 onces = 23 cl).							

Crédits photographiques
Marie-Louise Avery : p. 27, 55, 195 ; Steve Baxter : p. 115 ; Martin Brigdale : p. 91 ; Peter Cassidy : p. 17, 41, 93, 127, 141, 173, 181, 183, 187, 199 ; Jean Cazals : p. 105, 211 ; Brent Darby : p. 165 ; Ken Field : p. 75, 169 ; Gus Filgate : p. 51, 73 ; Will Heap : p. 129 ; Gareth Morgans : p. 13, 15, 43, 47, 53, 89, 101, 117, 167, 189, 191 ; David Munns : p. 9, 65, 79, 153, 157, 159, 175 ; Myles New : p. 67, 99, 155, 161, 201, 207 ; Elisabeth Parsons : p. 31, 143, 149 ; Michael Paul : p. 177 ; Craig Robertson : p. 59, 109, 193 ; Brett Stevens : p. 77 ; Roger Stowell : p. 25, 35, 45, 61, 87, 103, 121, 131, 147, 151 ; Martin Thompson : p. 145 ; Simon Walton : p. 37, 71, 135, 139, 171, 205 ; Philip Webb : p. 11, 19, 21, 29, 39, 49, 57, 63, 69, 83, 85, 95, 111, 113, 119, 137, 179 ; Simon Wheeler : p. 7, 23, 33, 107, 125, 133, 197, 203, 209 ; Kate Whittaker : p. 163 ; Frank Wieder : p. 213.

Édition originale

Première publication en 2009 par New Holland Publishers (GB Ltd) Londres Capes Town Sydney Auckland Garfield House 86-88 Edgware Road London W2 EA.

Édition française

Direction de la publication : Isabelle Jeuge-Maynart et Ghislaine Stora
Direction éditoriale : Émilie Franc
Coordination éditoriale : Ewa Lochet
Couverture et conception graphique : Valentine Antenni
Informatique éditoriale : Philippe Cazabet
Mise en page : les PAOistes
Fabrication : Émilie Latour

ISBN : 978-2-03-596956-9

Imprimé en Roumanie par G. Canale
Dépôt légal : mai 2019
323045/02 - 11043935 - mars 2020